잘 가!
짜증 바이러스

글 임여주

이화여자대학교에서 문헌정보학과 심리학을 공부하였고, 미국 일리노이 주립대학교에서 어린이도서관 서비스와 어린이문학으로 박사 학위를 받았습니다. 현재 대학에서 강의와 연구를 하며 어린이 책 작가로 활동하고 있습니다. 쓴 책으로는《열세 살, 학교 폭력 어떡하죠?》가 있습니다.

그림 김효진

한국예술종합학교와 영국 킹스턴 대학에서 공부하고, '보림창작그림책' 공모전과 '노마콩쿠르'에 입상했습니다. 지금은 짧은 이야기를 짓고 작은 그림들을 그리면서 그림책을 만들고 있습니다. 그린 책으로《톨스토이 할아버지네 헌책방》《칸트 아저씨네 연극반》《나랑 화장실 갈 사람?》《마음아, 작아지지 마》《손으로 그려 봐야 우리 땅을 잘 알지》등이 있습니다.

| 이 책에 대한 설명 |

어른이나 아이나 짜증을 느낄 때가 있습니다. 짜증이라는 감정은 얼핏 사소해 보이지만 쌓이고 쌓이다 보면 큰 화로 번질 수도 있지요. 그래서 불편한 마음이지만 외면하지 않고 들여다보는 연습이 중요합니다.
이 책에서는 짜증을 바이러스에 빗대어 이야기를 풀어 갑니다. 짜증 바이러스의 공격을 받은 주인공들이 불만을 늘어놓고 신경질을 내는 모습은 아이들에게도 낯설지 않은 장면일 것입니다. 짜증 바이러스 퇴치 전문가인 덕무 아저씨가 다양한 방식으로 짜증을 물리치는 이야기를 읽으며, 아이들은 자신의 감정을 슬기롭게 조절하고 상대의 감정을 이해하는 방법을 자연스럽게 배울 수 있을 것입니다.

스콜라 꼬마지식인 21

잘 가! 짜증 바이러스

임여주 글 | 김효진 그림

위즈덤하우스

나른한 오후야.
수호아파트 경비원인 덕무 아저씨는
잠깐, 아주 잠깐 졸고 있었어.
아저씨 눈꺼풀이 오르락내리락, 또 오르락내리락.
새들도 꾸벅꾸벅, 고양이도 갸르릉갸르릉.
아저씨 눈꺼풀이 다시 내려오려는 찰나……
경비실 인터폰이 울렸어.

다다다다 쏘아 대는 소리에 아저씨는 잠이 확 깼어.
"예? 예…… 예! 금방 올라가겠습니다."
그런데 전화를 끊고 보니 뭔가 이상했어.
수호아파트 주민들은 좀처럼 짜증을 내는 법이 없었거든.
'설마…… 그건 아니겠지?'
아저씨는 재빨리 그것을 숨겨 놓은 장소로 달려갔어.
이런! 금고 문이 열려 있지 뭐야. 호리병 뚜껑도 열려 있었어.
짜증 바이러스가 탈출한 거야!

사실 덕무 아저씨는 전설의 장군 수동녘의
77대손이야. 아저씨네 가문은 대대로
우리 동네를 지키는 수호 무사로 활약해 왔어.
아저씨의 할아버지는 특히나 용맹해서,
몇 천년이나 사람들을 괴롭히던 짜증 바이러스를
잡아다 호리병에 가두어 버렸대.
세월이 흐르고 아파트가 들어서면서
덕무 아저씨는 경비원이 되어 여전히
동네를 지키고 있지.

"호리병이 열렸으니 짜증 바이러스가
활개를 치고 다니겠군. 할아버지께 전수받은
짜증 바이러스 퇴치법을 사용할 때가 되었구나!"
아저씨의 눈이 초롱초롱하게 빛났어.

짜증이란?

짜증은 참 설명하기 모호한 감정이야.
화를 내자니 내가 너무 속 좁은 사람 같고, 그냥 참자니 너무 억울해서 분할 때가 있지? 그때 느끼는 불편한 감정이 바로 짜증이야.
짜증은 화처럼 강렬한 감정은 아니지만, 쌓이고 쌓이다 보면 화처럼 폭발하기도 해. 그러니 짜증을 재빨리 알아채고 해소하는 것이 중요하단다.

신비 엄마는 지금 짜증이 났어.
해야 할 일이 너무너무 많은데 아무도 도와주지 않거든.

덕무 아저씨는 부랴부랴 302호에 도착했어.
"역시 너였군."
덕무 아저씨가 짜증 바이러스를 노려보며 중얼거렸어.
짜증 바이러스는 아랑곳하지 않고 신비 엄마의 귀에
짜증 바람을 불어넣고 있었어.
바람을 불 때마다 신비 엄마의 얼굴이 붉으락푸르락해졌어.

아저씨는 짜증 바이러스를 어서 쫓아내야겠다고 생각했어.
"신비 어머님, 참 뜬금없지만 딱 1분만 저를 따라 해 보시겠어요?"
아저씨는 거실 바닥에 책상다리를 하고 앉았어.
"자, 몸에 힘을 빼고 천천히 호흡하시면 됩니다.
코로 숨을 들이마시고, 입으로 내뱉으세요……."
신비가 먼저 따라 했어.
팔짱 끼고 보던 신비 엄마도 세 번째 호흡부터는 따라 했지.

열 번째 숨을 내쉬었을 때, 신비 엄마는 머리가 조금
맑아진 느낌이 들었어. 그때 아저씨가 물었어.
"전기가 안 들어온다고 하셨죠? 혹시 누전차단기는 확인하셨나요?"
신비 엄마는 당황했어.
기본으로 확인해야 하는 건데도 아까는 생각이 안 났어.
"짜증 바이러스에 감염되면 흔히 나타나는 증상입니다.
평소에 잘 알던 것도 기억이 안 나게 되지요."

짜증 바이러스 퇴치법 하나! **심호흡 10회!**

짜증 바이러스가 붙은 느낌이 들면 가만히 앉아서 숨을 쉬어 봐.
평소보다 조금 더 길게, 조금 더 천천히.
짜증 바이러스는 신선한 공기에 꼼짝을 못하거든!

화단을 마구 짓이기고 있는 경환이는 짜증 바이러스에
심하게 감염되어 있었어.
'지금 상태에서는 어떤 말을 해도 듣지 못해.'
덕무 아저씨는 재빨리 경비실로 달려가 짜증 인형을 가져왔어.
"자, 일단 이걸 쳐!"
경환이는 씩씩 콧김을 뿜으며 아저씨를 노려봤어.
"참견하지 마세요! 이깟 게 다 뭐야!"
경환이가 집어 던진 짜증 인형이
땅바닥에 데구르르 굴렀어.
"그래, 그렇지!
화가 풀릴 때까지 계속 쳐!"

계속해.
나 안 보고 있을게~

잠시 뒤, 짜증이 누그러진 경환이가 덕무 아저씨에게 다가왔어.
"실은요…… 오늘 학교에서 선생님이 아끼는 로즈메리 화분이
깨졌거든요. 아림이가 실수로 떨어뜨린 건데 선생님이
저를 혼냈어요. 교실에서 장난 좀 그만 치라면서요.
옆에서 아림이는 아무 말도 하지 않았어요.
그때부터 마음속에서 화가 부글부글 끓어올랐어요."
"이런, 억울했겠구나. 그런데 꽃들도
억울하겠는걸?"

경환이는 자기 행동을 후회했어.
아무 잘못도 없는 꽃들에게 괜한 화풀이를 했으니까.
"너희도 나만큼 억울했겠구나. 정말 미안해."
덕무 아저씨는 진심으로 뉘우치는 경환이를 꼭 껴안아 주었어.
"내일 아림이한테 말할래요. 제가 얼마나 속상했는지.
그리고 같이 선생님께 가서 사실대로 말하자고 할 거예요."
"그래, 잘 생각했어."

짜증 바이러스 퇴치법 둘 짜증 인형에게 화 풀기!

화가 나는데 화를 못 내면 마음에 짜증이 쌓여. 짜증이 쌓이고 쌓이다 보면 엉뚱한 곳에서 폭발하기도 하지. 그러다 후회할 일이 생기기도 하고.
나를 화나게 한 사람에게 직접 화낼 수 없을 때는 짜증 인형에게 대신 화를 내 봐. 화가 풀릴 때까지 마음껏 화풀이해. 집에 있는 인형이면 아무거나 괜찮아. 인형이 없다면 베개나 양말도 좋지! 신문지를 북북 찢거나 이불을 뒤집어쓰고 크게 소리를 질러도 좋아. 화가 사라질 때까지 운동장을 마음껏 달리는 방법도 있어!
단, 생명이 있는 것에는 화풀이하면 안 돼.

준이는 경비실 화장실의 단골손님이야.
배탈이 자주 나는데 집이 무려 15층이거든.
그래서 놀이터에서 놀다가도 경비실로 뛰어오고는 하지.
'이제 더 이상은 참을 수 없어!'
덕무 아저씨는 자신의 화장실을
자유롭게 이용할 권리를 되찾고 싶었어.
"준아, 얘기 좀 하자."
"급해서 화장실 좀 쓴 것 가지고 왜 그러세요?"
"뭐? 너 지금 말버릇이 그게 뭐니?"
"아저씨가 자꾸 짜증나게 하잖아요!"

그때 아저씨는 준이 안경에서 미끄럼틀을 타고 있는
짜증 바이러스를 발견했어.
'짜증 바이러스는 허약한 사람을 좋아하지.'
덕무 아저씨의 할아버지가 늘 하시던 말씀이었어.

아저씨는 준이를 데리고 동네 병원에 갔어.
"영양 불균형에 운동 부족이네. 너, 맨날 앉아서 게임만 하지?
제일 좋아하는 건 햄버거랑 피자. 물 대신 콜라만 마시지?"
"어, 어떻게 아셨어요?"
준이는 당황했어.
의사 선생님은 준이만을 위한 특별한 처방전을 내리셨어.
병원을 나서며 준이는 콜라를 마시지 않겠다고 결심했어.

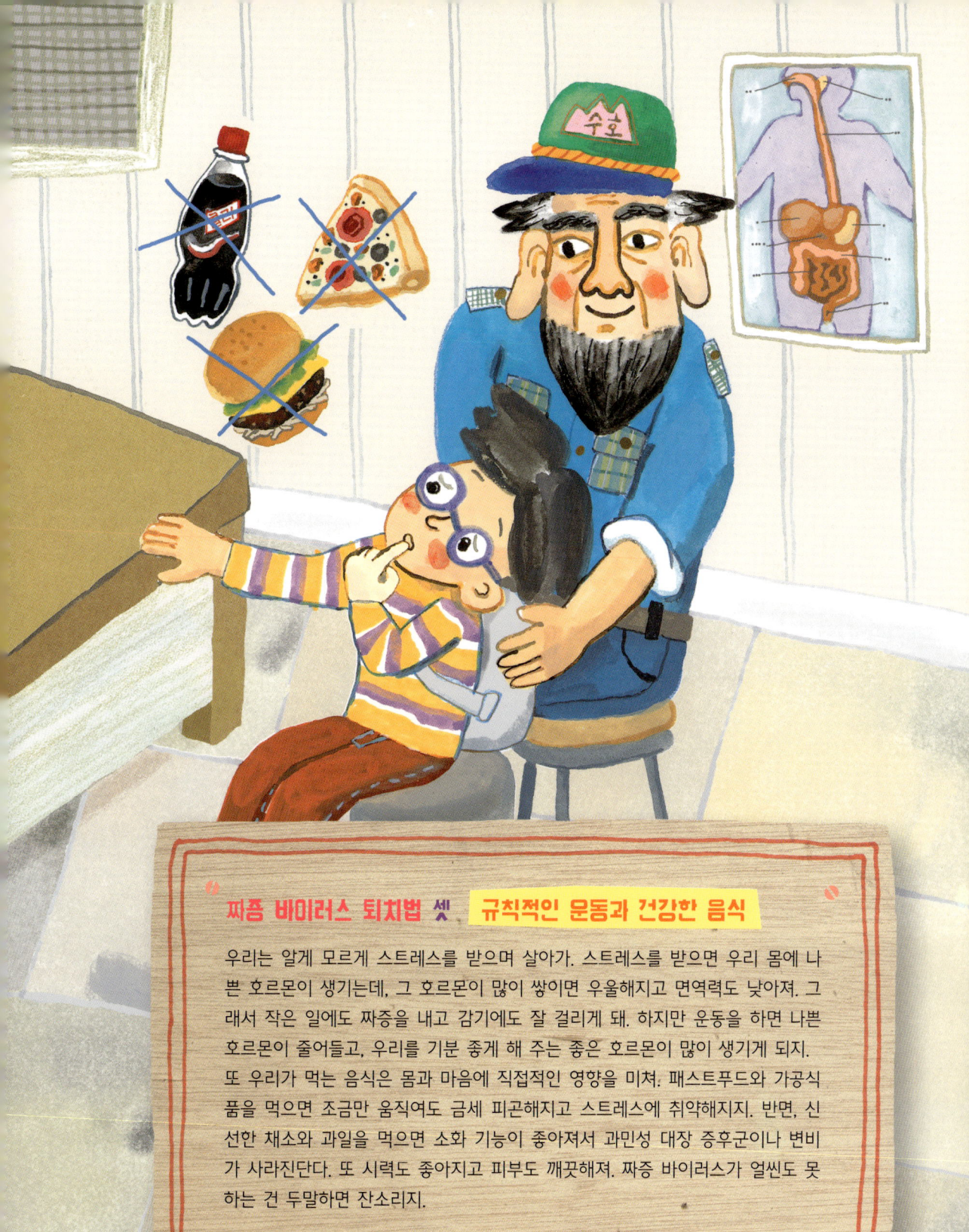

짜증 바이러스 퇴치법 셋   규칙적인 운동과 건강한 음식

우리는 알게 모르게 스트레스를 받으며 살아가. 스트레스를 받으면 우리 몸에 나쁜 호르몬이 생기는데, 그 호르몬이 많이 쌓이면 우울해지고 면역력도 낮아져. 그래서 작은 일에도 짜증을 내고 감기에도 잘 걸리게 돼. 하지만 운동을 하면 나쁜 호르몬이 줄어들고, 우리를 기분 좋게 해 주는 좋은 호르몬이 많이 생기게 되지. 또 우리가 먹는 음식은 몸과 마음에 직접적인 영향을 미쳐. 패스트푸드와 가공식품을 먹으면 조금만 움직여도 금세 피곤해지고 스트레스에 취약해지지. 반면, 신선한 채소와 과일을 먹으면 소화 기능이 좋아져서 과민성 대장 증후군이나 변비가 사라진단다. 또 시력도 좋아지고 피부도 깨끗해져. 짜증 바이러스가 얼씬도 못 하는 건 두말하면 잔소리지.

놀이터

준이는 당장 오늘부터 운동을 하기로 마음먹었어.
마침 놀이터에 아이들이 모여 있었어.
"우리 피구 할 건데, 너도 할래?"
미리의 제안에 준이는 망설였어. 피구를 잘 못하거든.
"다른 것 하면 안 될까? 난 피구 규칙도 잘 몰라."

그때 경환이가 끼어들며 말했어.
"규칙 쉬워. 그냥 맞추면 되는데, 뭐."
"다들 피구 하고 싶어하잖아. 같이 하자!"
신비까지 이렇게 말하니 어쩔 수가 없었어.

경기가 시작되었고 준이도 열심히 했어.
하지만 마음처럼 되지 않았지.
30분 내내 공을 잡아 보지도 못하고 우왕좌왕하기만 했어.
'다른 애들은 저렇게 잘하는데, 나만 이게 뭐야!'
그때였어.
짜증 바이러스가 다시 준이 얼굴에 날아들었지.

"나 안 해! 이딴 거 너희나 실컷 해!"
준이는 옆에 있던 경환이의 어깨를 밀치고는
씩씩거리며 걸어 나갔어.
경환이도 화가 났어.
경기 도중에 갑자기 나가 버리잖아!
"이준, 너 거기 서!"

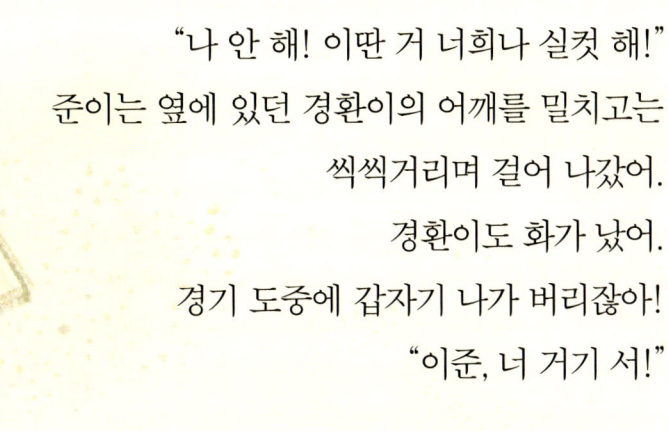

경환이가 준이 어깨를 잡으려는 찰나,
덕무 아저씨가 달려왔어.
"여러분, 진정하세요, 짜증을 폭발하기 전에 양측의 이야기를
들어 봅시다. 준이 선수, 왜 갑자기 경기장을 나간 거지요?"
"저, 피구…… 잘 못해서……."
얼굴이 달아오른 준이가 말을 하다 말고 울어 버렸어.
"아, 피구를 잘 못하는데 다른 친구들이 하자고 해서 억지로 했는데,
역시나 잘 안 되니까 짜증이 났다는 말인가요?"
준이는 울면서 고개를 끄덕였어.

"경환 선수, 어떻게 생각하십니까?"
"저는 준이가 이 정도로 스트레스받는 줄 몰랐어요.
준이야, 미안해. 네 입장은 생각하지 못했어.
애들도 모두 재미있어 했고, 나도 피구가 재미있어서……."
경환이도 말을 하다 말고 흑흑 울어 버렸어.
"아니야, 나 때문에 망쳐서 미안해."
한바탕 울음 잔치가 끝난 후 아이들은 사방치기를 하기로 했어.
그건 준이도 경환이도, 미리도 신비도
모두 잘하는 종목이었거든.

짜증 바이러스 퇴치법 넷 — 입장 바꿔 생각하기

친구가 내 의견을 듣지 않고 자신이 하고 싶은 것만 하면 짜증이 나. 친구와 의견이 엇갈릴 때는 '내가 저 아이라면 기분이 어떨까?'를 생각해 봐. '나는 이게 재미있는데 저 아이도 재미있을까?', '나는 이게 재미없지만 저 아이는 재미있지 않을까?' 서로 조금씩 양보하면 모두가 즐거울 수 있어. 세상은 다른 이들과 함께 살아가는 거니까. 상대방의 입장에서 생각해 보는 것, 몇 번만 해 보면 금방 익숙해질 거야.

아파트 정자

사방치기가 한창 재미있어질 무렵, 정자 쪽에서
시끄러운 소리가 들렸어.
어, 자세히 들어 보니 욕인 것 같아!
옥분 할머니가 무서운 얼굴로 욕을 하고 계셨어.
무슨 기분 나쁜 일이 있으셨던 걸까?
"아이고 형님, 청승맞게 예서 뭐하고 계시우?"
어디선가 나타난 화자 할머니가 깔깔 웃으며
옥분 할머니에게 말을 걸었어.

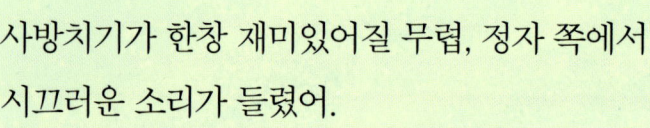

"내가 청승맞게 구는데 뭐 보태 준 거 있나?"
옥분 할머니가 빽 소리를 질렀어.
"아니, 누가 뭐래요? 왜 이리 예민하게 구는데요?
난 그냥 반가와서 그랬구먼."
그때 아이들은 보았어.
화자 할머니의 머리 위에서도 짜증 바이러스가 솟아나는걸!

"비상이다! 짜증 바이러스가 전염되고 있어.
곧 아파트 전체에 퍼지게 될 거야!"
덕무 아저씨가 소리쳤어.
아이들은 서로 눈빛을 주고받았어.
"걱정하지 마세요, 아저씨. 저희만 믿으세요."
아이들은 할머니들이 계신 정자로 달려갔어.

저랑 신문지 찢기 해 봐요, 할머니. 속에 쌓인 화는 이렇게 쫙쫙 풀어내야 해요.

그런 다음 저희랑 같이 공원 한 바퀴 산책해요. 기분이 한결 상쾌해질 거예요.

감정도 옮는다고?

감기에 걸린 친구랑 놀면 감기가 옮는다는 얘기 한번쯤 들어 봤을 거야. 그럼, 감정이 옮는다는 얘기는 들어 본 적 있니?
사람은 자기도 모르게 옆에 있는 사람의 표정을 따라 하는 습관이 있거든. 그래서 친구가 웃으면 나도 웃게 되고, 친구가 짜증을 내면 나도 짜증을 내게 돼. 그런데 흥미롭게도 기분 좋은 감정보다 기분 나쁜 감정이 더 잘 옮는단다. 특히 짜증은 엄청나게 빠른 속도로 옮을 수 있어. 그러니 짜증이라는 감정은 잘 다스려야겠지?

수호아파트에서 더 이상
짜증 내는 사람이 없게 되자 짜증 바이러스들은
하나씩 둘씩 공중으로 떠올랐어.
그리고 서쪽 하늘 노을 속으로 멀리멀리 날아가 버렸지.

짜증 집중 분석

짜증은 나쁜 걸까?

짜증스러운 마음이 드는 건 나쁜 게 아니야.
사람이라면 누구나 짜증을 느낄 때가 있어.
아주 현명하고 지혜로운 사람이라도 말이야.
하지만 짜증이 난다고 해서 다른 사람에게
화를 내도 되는 건 아니야.
짜증은 내가 느낀 나의 감정이니까.

자꾸 짜증이 나는 이유는?

1
짜증은 감기와 같아.
감기에 걸렸다 다 나아도
언젠가 또 감기에 걸리게 되잖아.
한번 쫓아낸 짜증 바이러스도
언젠가 다시 찾아오게 되어 있어.

2
짜증도 연습이 필요해.
짜증이 날 때마다 짜증 바이러스
퇴치법을 꾸준히 연습해 봐.
열심히 연습하면 마음속 면역력이
강해지고, 다음번에는 조금 더 쉽게
짜증 바이러스를 물리칠 수 있어!

나만의 짜증 바이러스 퇴치법

언제 짜증이 날까?

누나가 집에서 노래 연습을 하는데 너무 시끄러워서 **짜증이 나**.	▶ 누나한테 몇 시까지 연습할 것인지 물어보고, 그 시간 동안 제일 좋아하는 걸 하면서 기다려 봐. 좋아하는 TV 프로그램을 보거나 만화책을 읽거나. 밖에 나가서 놀다 와도 좋겠지!
공부를 열심히 했는데도 시험 성적이 좋지 않아서 **짜증이 나**. 	▶ 지금의 속상한 마음을 솔직하게 부모님이나 선생님께 말씀 드려. 그분들이 구체적인 도움을 주실 수 있을 거야.
친구가 늘 짜증을 내서 그 친구를 만나면 나도 **짜증이 나**. 	▶ 짜증은 전염성이 강해. 친구가 왜 짜증을 내는지 이유를 물어봐. 내가 도와줄 수 있는 일이면 도와주도록 해. 하지만 그 친구랑만 어울리지 말고 함께 있으면 즐거워지는 다른 친구와도 어울리도록 해 봐.

엄마가 무조건 동생한테 양보하라고 할 때 짜증이 나.	➡ 동생도 때로는 양보할 줄 알아야 한다는 걸 엄마에게 알려 드려. 이 책에 있는 '입장 바꿔 생각하기' 편을 엄마와 함께 읽어 봐도 좋을 거야.
나도 춤을 잘 추고 싶은데 몸이 따라 주지 않아서 짜증이 나.	➡ 처음부터 잘할 수 있는 사람은 없어. 춤을 아주 잘 추는 사람도 그렇게 춤출 수 있게 되기까지 수백 번, 수천 번을 연습했을 거야. 즐겁게 연습하다 보면 어느새 춤을 잘 추게 될 거야!

나만의 짜증 바이러스 퇴치법을 적어 봐

나는 이럴 때 짜증이 나
➡

나만의 짜증 바이러스 퇴치법
➡

스콜라 꼬마지식인 21
잘 가! 짜증 바이러스

초판 1쇄 발행 2017년 5월 12일 **초판 6쇄 발행** 2024년 11월 1일

글 임여주 **그림** 김효진
펴낸이 최순영

교양 학습 팀장 김솔미
키즈 디자인 팀장 이수현 **디자인** 오세라

펴낸곳 ㈜위즈덤하우스 **출판등록** 2000년 5월 23일 제13-1071호
주소 서울특별시 마포구 양화로 19 합정오피스빌딩 17층
전화 02)2179-5600
홈페이지 www.wisdomhouse.co.kr **전자우편** kids@wisdomhouse.co.kr

ⓒ 임여주·김효진, 2017

ISBN 978-89-6247-824-2 74330

- 이 책의 전부 또는 일부 내용을 재사용하려면 반드시 사전에 저작권자와 ㈜위즈덤하우스의 동의를 받아야 합니다.
- 인쇄·제작 및 유통상의 파본 도서는 구입하신 서점에서 바꿔드립니다.
- 이 책의 사용 연령은 8~13세입니다.
- 책값은 뒤표지에 있습니다.